Bambino interiore: capire e guarire

Come riconoscere i conflitti irrisolti dentro di sé, entrare in contatto con il proprio bambino interiore, rafforzarlo e guarirlo per sbocciare finalmente in piena vitalità.

Julia Wiederspohn

CONTENUTO

Cosa vi aspetta in questo libro

Si dice siate perfezionisti? Siete estremamente dipendenti dall'armonia, reagite a certi conflitti nella vostra partnership con freddezza o rabbia cieca? Volete spesso compiacere gli altri fino allo sfinimento, fino al sacrificio di voi stessi? Ci sono sempre situazioni simili in cui reagite in modo insolitamente emotivo?

Questi potrebbero essere tutti indizi che indicano che nella vostra infanzia abbiate subito delle cicatrici che aspettano ancora di essere guarite.

Vorrei invitarvi a fare un viaggio nel tempo. Un viaggio nel vostro passato. "Ritorno al futuro" sarebbe un motto appropriato per questo viaggio, perché ciò che avete vissuto nella vostra prima infanzia ha un'influenza diretta sul vostro comportamento nel presente.

Imparerete a conoscere il modello del bambino interiore e otterrete intuizioni che vi permetteranno di rintracciare i vostri modelli comportamentali individuali che nascono come reazione alle esperienze della prima infanzia e di modificarli consapevolmente. Siete tra le persone che continuano ad attrarre gli stessi conflitti, persone o situazioni nella vostra vita? Ora avete l'opportunità attiva di riconoscere e interrompere questi cicli negativi.

In questo viaggio imparerete molto su voi stessi, comprenderete meglio le vostre emozioni e scoprirete qual è il vero messaggio che si cela dietro i vostri modelli di comportamento. Rendetevi conto che ognuno di noi ha un bambino interiore, quindi, conoscere questa parte della psiche di ogni persona vi darà una comprensione più profonda di voi stessi e degli altri e migliorerà le vostre relazioni interpersonali. Il bambino che è in ognuno di noi vuole essere notato! Come un bambino piccolo, vi strattonerà e si lamenterà finché non gli darete attenzione e non risponderete ai suoi bisogni. A quel punto, in tutti gli ambiti della vita, potrà arrivare la pace.

Il fattore divertimento, in questo viaggio molto personale per voi, non sarà sicuramente trascurato! Imparerete anche a integrare le sensazioni positive che provavate da bambini nella vita di tutti i giorni. Quando è stata l'ultima volta che siete stati spensierati ed entusiasti di qualcosa? Imparerete a vedere di nuovo le cose con gli occhi di un bambino, pieni di entusiasmo e curiosità.

Vi aspettano una selezione di metodi per entrare in contatto con il vostro bambino interiore e numerosi esempi pratici di quando e perché il vostro bambino interiore viene fuori, anche se non ne siete nemmeno consapevoli. Abbracciando il bambino che è in voi, vi si aprirà una prospettiva completamente nuova sulla vostra vita; il perseguimento di ideali altrimenti importanti per voi improvvisamente non sarà più appropriato e potrà essere sostituito da qualcos'altro, qualcosa di più sano. Le vostre relazioni miglioreranno e in futuro potrete condurre una vita più sana grazie a un maggiore amore per voi stessi e all'accettazione. In futuro, il vostro partner o il vostro collega di lavoro potrebbero stupirsi nel constatare che reagite con calma in situazioni in cui prima davate rapidamente in escandescenze.

Gli esercizi che imparerete in questo libro possono essere svolti da soli o con il vostro partner o con un buon amico. Imparerete in modo giocoso che in ognuno di noi è attivo un bambino e imparerete a conoscere voi stessi o l'altro in un modo che rafforza il legame intimo con l'altro.

Alla fine del percorso, potrete sentirvi ben preparati per la prossima piccola o grande crisi della vita quotidiana, perché le situazioni che prima vi logoravano emotivamente possono essere evitate con facilità. Siete pronti?

Il modello del bambino interiore

IMPRINTING DELLA PRIMA IN-FANZIA E APPROCCI TERAPEUTICI

Nelle prime settimane di vita, il neonato si percepisce ancora come un'unità perfetta con la madre; dal terzo mese inizia l'entusiasmante processo di apprendimento della vita. Inizialmente, si fanno esperienze che associano il suo comportamento a un effetto speciale, come il pianto con l'assunzione di cibo o il raggiungimento di un oggetto con l'offerta dello stesso. Le reazioni della madre sono percepite come uno specchio e la percezione del proprio corpo si sviluppa lentamente. All'inizio del secondo anno di vita, il bambino sviluppa una volontà propria e sperimenta per la prima volta dei limiti, che finiscono in lacrime e delusione quando vengono fissati. Alla fine del secondo anno di vita, riconosciamo il nostro riflesso nello specchio come il nostro "io". Qui inizia la nostra indipendenza. A partire dal terzo anno di vita, il bambino stabilisce un collegamento tra causa ed effetto, ma vede la causa di una lode, di un rimprovero, di un divieto o di un rimprovero in se stesso.

Innocenti e completamente nelle mani dei genitori, noi neonati abbiamo solo questi bisogni fondamentali: Alimentazione, salute, sonno, sicurezza, amore, accettazione e sicurezza. È nei primi anni di vita, tra 0 e 6 anni, che le esperienze positive e negative vengono inconsciamente immagazzinate per il futuro - nel nostro hard disk. È qui che si gettano le basi per le nostre successive capacità di sviluppo e apprendimento, che possono essere equiparate alle successive abilità sociali di ogni essere umano.

Le esperienze dolorose vissute nella prima infanzia hanno innescato nel bambino paure o resistenze nei confronti di ulteriori esperienze e lui ha appreso meccanismi protettivi e difensivi per far fronte a tali esperienze. Inoltre, da piccoli abbiamo imparato come comportarci per evitare queste situazioni. In questo processo, la nostra percezione può essere stata soppressa o possiamo aver diffidato dei nostri sentimenti, negandoli o considerandoli sbagliati e fingendo.

Ogni bambino ha il desiderio di essere amato dai genitori e se nel corso del suo sviluppo personale sperimenta ripetutamente il rifiuto, la punizione o la freddezza da parte di chi lo accudisce, questo bisogno viene lentamente represso. Secondo lo studioso del cervello Gerald Hüther, si tratta di una funzione protettiva inconscia del cervello. Il neurologo spiega che questo meccanismo, chiamato "coerenza", è essenziale affinché il cervello, e inevitabilmente l'intero essere umano, utilizzi la minor quantità di energia possibile.

Questo stato si raggiunge quando tutti i processi neurologici e biologici si integrano in modo ottimale. Se si verifica un conflitto tra il bisogno di riconoscimento del bambino e il rifiuto del genitore, la coerenza viene disturbata e questo stato diventa molto rapidamente spiacevole perché le cellule nervose del cervello iniziano a funzionare in modo scoordinato. Questo comporta un disagio e si cerca una soluzione. Quando la soluzione viene trovata, la chimica cerebrale torna a essere più coerente e ci sentiamo meglio. Per questo motivo, il bambino piccolo rinuncia volentieri ai suoi bisogni. Secondo Gerald Hüther, c'è poi un'altra circostanza che premia involontariamente questa funzione neurologica: le lodi dei genitori perché il bambino è bravo.

Prosegue affermando che sono proprio questi processi neurologici a garantire un buon inserimento nella famiglia e nella società. Conclude che, ad esempio, un buon titolo di studio non è necessariamente indice di intelligenza e diligenza, ma di buona capacità di adattamento. Più il cervello è coinvolto nella soppressione dei bisogni e dei tratti della personalità, più una persona è adattabile.

Il ricercatore è convinto che in questo stato non si è mai veramente felici, perché i bisogni sempre più pressanti vengono allontanati con un elevato dispendio di energia nel cervello. Le persone colpite continuano ad adattarsi alle circostanze esterne della vita, si inseriscono ovunque e non hanno uno sviluppo individuale. Hanno perso qualità importanti come la gioia di vivere, la spontaneità e la passione. La buona notizia è che il cervello è ricostruibile nel corso della vita e non è mai troppo tardi per liberarsi da schemi di comportamento e sentimenti appresi. Per farlo, è necessario tornare in contatto con i nostri bisogni e le parti della nostra personalità. La ricerca sul cervello conosce questa capacità come "neuroplasticità".

In psicoterapia, a partire dagli anni '90, il bambino interiore è stato considerato come un modello per le esperienze individuali dell'infanzia, cioè un insieme di sentimenti, ricordi ed esperienze. Sentimenti come la gioia, il dolore, la felicità, la tristezza, l'intuizione, la curiosità, l'abbandono, la solitudine, la paura e la rabbia vengono sperimentati dal bambino piccolo, ma a causa dell'autoriflessione ancora mancante di una coscienza adulta, vengono successivamente trasformati in modelli di credenza e di vita disfunzionali e malsani.

In diversi approcci psicoterapeutici, il lavoro con il bambino interiore viene utilizzato per guarire le ferite psicologiche e i traumi dell'infanzia, per trovare più amore per se stessi, fiducia in se stessi e in generale un modo più sano di rapportarsi con se stessi. Si adotta consapevolmente una duplice prospettiva: quella della coscienza osservante, adulta e riflessa e quella del piccolo bambino interiore che fa esperienza. In questo modo, si possono creare connessioni portando il nesso causale dallo stato inconscio alla coscienza, comprendendolo e accettandolo, illuminandolo e guarendolo.

L'integrazione delle esperienze negative del passato e la dissoluzione di modelli comportamentali stressanti non è affatto una novità. Come parte integrante del lavoro psicoterapeutico, nei circoli di guarigione spirituale alternativa per la risoluzione dei blocchi o nei seminari per lo sviluppo personale e il coaching, questo principio ha molti fratelli, ad esempio l'integrazione dell'"ego ombra", le costellazioni familiari secondo Bert Hellinger, la preghiera hawaiana del perdono Ho'Opoono, la PNL, ecc.

In linea di principio, si tratta sempre di lasciar andare il dolore del passato e di guarire i sentimenti ad esso associati. Il concetto di bambino interiore non solo sta attirando l'attenzione nel mondo occidentale attraverso molte guide e seminari, ma è anche parte integrante di una vita più felice, ad esempio nel buddismo.

COME POSSO RICONOSCERE SE SE SONO PORTATORE DI CONFLITTI IRRISOLTI DELL'INFANZIA?

Ebbene, posso rassicurarvi. Nessuna infanzia è perfetta, scrive Stefanie Stahl nel suo bestseller "Il bambino che è in te deve trovare casa". Non esistono né i genitori perfetti né l'infanzia perfetta. Quindi, per il momento, dovremmo essere tranquilli nel lavorare con il bambino interiore, perché tutti abbiamo sperimentato dei conflitti. Tuttavia, ci sono alcuni indizi che suggeriscono che i comportamenti malsani si sono manifestati a causa dell'esperienza della prima infanzia:

1. Compulsione al controllo
2. Mancanza di empatia e di comprensione per l'altra persona, freddezza nella partnership, "ostruzionismo" o "chiusura" nei conflitti.
3. Problemi di relazione con le figure autoritarie
4. Forte ribellione contro le regole di gioco imposte a livello sociale, societario, familiare o di partnership.
5. Dipendenza dall'armonia (ad es. abbandono di sé, esaurimento, depressione, burn-out)
6. Paura della perdita (ad esempio, creare dipendenze e rimanere in relazioni malsane, sottomissione).
7. Assumere un ruolo di vittima (ad esempio, brontolare, assillarsi, lamentarsi).

8. Mancanza di disponibilità al compromesso (ad esempio, "cercare sempre la mosca nell'unguento", essere un guastafeste)

9. Perfezionismo (ad esempio, nessuna consapevolezza dei propri limiti, dispendio fisico e mentale, maggiore disciplina, ad esempio nello sport, nell'alimentazione, nel lavoro, durezza di sé).

10. Mancanza di amore per se stessi (ad es. rifiuto del proprio corpo, mania di bellezza)

11. Comportamento di dipendenza (alcol, droghe, ecc.)

12. Forti sbalzi d'umore, esplosioni emotive inappropriate

13. Mancanza di fiducia in se stessi e negli altri (ad esempio, gelosia, controllo, senso di inferiorità).

14. Eccessivo egocentrismo (ad esempio, forte desiderio di vedere sempre soddisfatti i propri bisogni, se necessario creando sempre nuove malattie o bugie).

Il grado di stress e il fatto che sia accompagnato da sofferenza variano molto da persona a persona.

Dal momento che tutti aspiriamo a maggiore serenità, relax e salute, è bene fare un'analisi più approfondita, perché lo stress e i conflitti, a lungo andare, portano a effetti collaterali indesiderati.

Anche i sentimenti che si manifestano nelle situazioni quotidiane e che a prima vista sembrano impercettibili meritano di essere esaminati: Ad esempio, se per tutto il fine settimana siete arrabbiati con il vostro capo perché venerdì vi ha inviato un ordine mezz'ora prima dell'orario di chiusura, non potete godervi il tempo libero e lunedì andate in ufficio di cattivo umore. Oppure, da tempo, non vedete l'ora di partecipare a un'uscita o a un evento programmato e il giorno stesso non vi sentite in vena, magari con sintomi psicosomatici di malattia come mal di schiena o mal di testa. Una discussione con il partner si inasprisce, la cosiddetta zanzara si trasforma in un elefante. Un estraneo per strada vi critica per una piccola cosa e dentro di voi brucia la rabbia, che si protrae a lungo.

OMBRA E SOLE BAMBINO

Nel lavoro terapeutico la parte infantile della nostra personalità viene vista fondamentalmente in due parti. Il bambino che è in noi, che è stato amato, accettato e accolto dai genitori, è spesso chiamato "bambino solare" o anche "bambino felice". Tutte le esperienze positive e i sentimenti provati vengono assegnati al "bambino solare" e si esprimono soprattutto attraverso tratti della personalità come gioia, spontaneità, apertura, curiosità, entusiasmo, senso di responsabilità, umorismo, empatia.

A differenza del "Bambino Sole", il "Bambino Ombra" ha sperimentato il rifiuto, è stato ignorato, trattato con severità, ha sentito la mancanza di amore o è stato abbandonato. I sentimenti e le esperienze negative vengono assegnati al "bambino ombra" o al "bambino infelice". Emergono tratti della personalità come tristezza, frustrazione, rabbia, invidia, gelosia, vergogna, ecc.

La distinzione simbolica tra il bambino felice, spensierato e amante del divertimento e il bambino triste, solitario e rifiutato serve a semplificare e ad assegnare credenze negative e positive e può essere utilizzata indipendentemente per il lavoro personale con il bambino interiore.

È importante che interiorizziate che la vostra mente subconscia si sforza per tutta la vita di rivivere le esperienze dolorose e negative che non sono state elaborate da bambini e che hanno lasciato un segno permanente in voi. Queste situazioni, problemi, circostanze e persone con le relative caratteristiche "corrispondenti" vi vengono presentate e invitate inconsciamente nella vostra vita finché non trovate una (ri)soluzione. Non lo fate consapevolmente per continuare a provare questi sentimenti negativi o per leccarvi le ferite, ma per trovare una cura, un lieto fine. Il vostro bambino interiore vi mostra un percorso di guarigione, di risoluzione dei conflitti, che spesso passa attraverso il dolore. Ma vi aiuta anche a capire che è giunto il momento di porre fine ai cicli malsani.

Esempi dalla pratica

IL BAMBINO INTERIORE IN PARTNERSHIP

La scelta del partner dipende da diversi fattori, ma il bambino interiore è spesso la forza trainante, il motore nella scelta del partner di vita, ma anche degli amici o degli amanti. Il bambino interiore cerca e trova i suoi genitori nella coppia, concordano i terapeuti di coppia. Ciò che ci è stato negato da bambini, ciò che non abbiamo ricevuto allora, la parte inconscia in noi ora spera di ottenerlo. Non sorprende quindi che spesso siamo attratti da persone che assomigliano a nostro padre o a nostra madre. Si tratta di caratteristiche sia esterne che interne. Tuttavia, esiste anche l'esatto contrario: se il comportamento dei genitori è stato fortemente rifiutato, allora cerchiamo proprio la persona che incarna a prima vista l'esatto contrario dei genitori. Può capitare che, dopo la prima fase dell'innamoramento, ci si renda conto che il partner si sta trasformando in un genitore in termini di comportamento, e la delusione è comprensibilmente grande.

Come riconoscere che il bambino interiore è coinvolto nella scelta del partner?

- Finiamo sempre con partner altrettanto infedeli, emotivamente ipotermici, irascibili, gelosi, controllanti, ecc.
- Viviamo il matrimonio dei nostri genitori in modo vicario nel nostro matrimonio o nella nostra relazione. Il partner assume la posizione di un genitore nel suo comportamento e noi ci trasformiamo automaticamente nell'altro

genitore. ("Eppure non ho mai voluto diventare come mia madre.../mio padre...").

• Ci assumiamo la responsabilità in una partnership e desideriamo una spalla forte, vogliamo lasciarci andare e sperimentare il sostegno. (Questo potrebbe suonarvi familiare se da bambini siete stati abbandonati a voi stessi troppo presto o se vi siete occupati dei vostri fratelli).

• Si sceglie un partner che ci ricopre di attenzioni e cure, magari ci controlla, ci manipola o ci maltratta (proprio come faceva il padre o la madre).

• Il partner ci rifiuta, ci ignora, ci lascia soli, non permette la vicinanza (ad esempio, se la madre ci ha lasciato soli fisicamente o emotivamente troppo presto o il padre ci ha punito con l'ignoranza quando ci siamo comportati male).

• Non siamo mai al primo posto per il partner (soprattutto nel caso di fratelli e sorelle, quando i genitori davano più attenzione al fratello).

Quando ci innamoriamo di un'altra persona, avviene una guarigione completa del bambino interiore da entrambe le parti, perché ci si sente completamente accettati dall'altra persona, si sperimenta amore incondizionato e sicurezza e il bambino (sole) che è in noi sperimenta i sentimenti repressi di un bambino intatto e felice. Quando siamo innamorati, possiamo tirare fuori gli alberi, nulla ci turba, proviamo felicità, gioia di vivere, spontaneità, improvvisamente vediamo tutto attraverso occhiali rosa, il cielo è pieno di violini. Siamo completamente connessi a noi stessi. Vediamo la nostra persona del cuore come perfetta e completa, perché anche noi siamo interi e perfetti dentro di noi in questa fase.

Quando siamo innamorati, il nostro cervello rilascia più sostanze messaggere che ci rendono felici, perché hanno un'influenza diretta sulla percezione dei sentimenti e stimolano le aree cerebrali interessate. È interessante notare che queste aree appartengono anche al sistema di ricompensa della struttura neurologica.

La fase dell'innamoramento non è paragonata a un'ebbrezza per caso, perché in senso stretto, siamo sotto l'influenza della droga dopamina. Affinché l'organismo si adatti a questa situazione eccezionale, viene prodotto l'ormone dello stress, l'adrenalina, e diverse altre sostanze messaggere. Questo cocktail di composti chimici ci fa vivere una fase di infatuazione che va dalle due settimane ai due anni. In senso stretto, innamorarsi significa sottoporre il corpo a una situazione di stress permanente. Questo stato consuma molte risorse energetiche e fisiche e quindi non può essere sostenuto a lungo termine.

Arriva un momento in cui il cervello riduce il rilascio di questi neurotrasmettitori e lentamente ma inesorabilmente ne interrompe l'erogazione. Si tratta di un meccanismo di protezione per riportare il nostro sistema biologico in equilibrio. Ora è il momento di stabilizzare il legame con il partner. Nascono i primi conflitti, le delusioni e con esse le ferite emotive, che sono simili a quelle a cui siamo stati esposti nell'infanzia.

Situazione: Sabine torna a casa dal lavoro, è sconvolta e arrabbiata per il suo capo e impulsivamente racconta al suo fidanzato Arno la sua esperienza a voce alta, dando sfogo alla sua rabbia. Più Sabine parla a voce alta e si infuria, meno Arno reagisce. Quando lui non reagisce, lei gli chiede indignata: "Ma mi stai ascoltando?" e lui risponde: "Certo, sono venti minuti che non parli d'altro". Sabine si scatena e accusa il fidanzato di non essere interessato a lei e di preoccuparsi solo di se stesso. La donna si alza sempre di più e Arno si alza senza tanti complimenti e va in garage per sfuggire alla situazione. Sabine è inorridita, gli corre dietro e gli morde il polpaccio come un terrier, provocandolo - sempre più forte - per ottenere una reazione. Arno non reagisce affatto fino a quando non esplode o esce di casa.

Qui non si tratta di due adulti che litigano tra loro, ma di Sabine di cinque anni e Arno di sei. Sabine veniva spesso ignorata dalla madre o i suoi bisogni venivano semplicemente ignorati e sentiva di non essere presa sul serio come bambina. Il padre di Arno era collerico e spesso urlava e sbraitava; Arno imparò a fuggire da questa situazione, per lui insopportabile, solo scappando. Da bambino, vedeva in se stesso la causa della rabbia del padre.

Situazione: Ute è arrabbiata perché suo marito Kurt ha l'abitudine di lasciare spesso i suoi calzini in giro e esplode quando lui torna a casa dopo il lavoro e si sta già togliendo gli abiti da lavoro nel corridoio. Ute gli chiede se è solo la sua domestica e se pulisce sempre dopo di lui e non è sua madre. Kurt è stanco ed esausto e viene raggiunto dalla moglie "assillante" e presto non si ferma ai calzini o agli abiti da lavoro sul pavimento. Kurt rimprovera a Ute quanto sia stata lunga la sua giornata e che lei vuole rendere la fine della sua giornata un inferno e che comunque lui non può fare nulla di buono per lei. Anche in questo caso, si tratta di un conflitto tra la piccola Ute e il piccolo Kurt. Ute veniva spesso rimproverata e punita quando era disordinata. I suoi genitori davano molta importanza alla pulizia e all'ordine e la lodavano solo quando svolgeva le faccende domestiche che ci si aspettava da lei. Da bambino, il piccolo Kurt veniva spesso criticato dalla madre, che non parlava bene di lui. Gli venivano negati riconoscimenti e lodi.

Situazione: Linda aveva un appuntamento in un'autofficina e dice al fidanzato, in lacrime, che l'hanno fregata senza pietà, che l'hanno trattata in modo scortese e che comunque, in quanto donna, non sarebbe stata presa sul serio. Il fidanzato Marco le chiede, più con ironia che con indignazione, cosa si aspetta da lui, se deve chiamare o passare di lì? Ne segue un'accesa discussione in cui Linda accusa Marco di non aver mai preso le sue difese, di aver avuto sfortuna nella vita, ecc. Marco si sente ingiustamente criticato ed elenca tutte le cose che fa per Linda e che lei è una piagnona e non dovrebbe fare tante storie. Linda è cresciuta senza una madre e ha ricevuto maggiori attenzioni dal padre, che doveva prendersi cura di lei e dei suoi tre fratelli, solo quando era indifesa e piangeva. Ci si aspettava che fosse indipendente fin da piccola e che assumesse un ruolo di vittima che spesso le procurava le attenzioni che desiderava da parte del padre. La madre di Marco, invece, soffriva di una malattia cronica che determinava quasi esclusivamente la vita familiare quotidiana. Marco si era dovuto occupare presto dei fratelli e della madre, che spesso sprofondava nell'autocommiserazione e non percepiva i bisogni dei figli.

Situazione: Kerstin ha una relazione con il collerico e patologicamente geloso Stefan. Stefan controlla il cellulare di Kerstin, apre la sua posta, fa regolarmente scenate accusandola di infedeltà. Kerstin ne soffre molto, ma non riesce a liberarsi da questa relazione tossica. Cerca di compiacerlo e soddisfa tutte le richieste che Stefan le fa perché vuole renderlo felice. Nella sua ultima relazione, Kerstin si è legata a un uomo alcolizzato; anche questa relazione è stata molto infelice per lei, eppure non è riuscita a separarsi da quest'uomo per molto tempo.

I genitori di Kerstin hanno divorziato quando Kerstin aveva due anni. È cresciuta con la madre e successivamente ha interrotto i contatti con il padre. Il trauma della perdita del padre è profondo, per cui non vuole mai più sentirsi sola, abbandonata o sola. Stefan è stato trascurato dai suoi genitori e non ha ricevuto alcun apprezzamento, è stato spesso maltrattato verbalmente. Alla fine è cresciuto con i nonni. Ha sviluppato una scarsa fiducia in se stesso, teme sempre l'infedeltà della sua compagna perché sente di non valere nulla.

Situazione: Marion torna a casa piena di entusiasmo, con mezz'ora di ritardo, con la gioia scritta in faccia perché ha vinto due biglietti per un'avventura all'aperto e fa il tifo per suo marito Ernst. Lui, però, è impegnato con il cellulare e le sussurra che ha ancora del lavoro da fare e che è importante il nuovo lavoro. Marion è delusa e si ritira tristemente. Marion è cresciuta con una sorella.

L'attenzione dei genitori era spesso concentrata sul fratello, Marion si sentiva spesso ignorata e si formava in lei l'impressione di ricevere meno amore e riconoscimento rispetto alla sorella. Ernst è stato educato in modo molto doveroso e spesso riceveva lodi e riconoscimenti quando si raggiungeva un risultato. Il tempo per giocare e lo spazio libero non avevano molto spazio o priorità. La bambina interiore di Marion vuole essere felice e condividere l'emozione con il suo partner, ma poiché Ernst non reagisce con l'entusiasmo che lei sperava, si sente messa da parte e ignorata. Ernst, invece, vuole adempiere ai suoi doveri prima di concedersi la libertà, ed è infastidito dalla mancanza di puntualità, perché per lui è un segno di disinteresse. Suo padre prometteva spesso di essere presente alle recite scolastiche o agli eventi sportivi e spesso arrivava troppo tardi, perdendo i compiti del figlio.

Sulla base di questi esempi, potete avere un'idea di come il bambino interiore influenzi in modo significativo ogni conflitto, ogni crisi, ogni potenziale controversia in una relazione. Nella maggior parte dei casi, sono i bambini piccoli in voi e nel vostro partner a entrare in conflitto l'uno con l'altro. Spingono, prendono a calci, a pugni, sgridano, rompono i giocattoli, reagiscono con ostinazione, si ritirano stizziti o fanno la linguaccia all'altra persona. Con questa consapevolezza, avete già fatto il primo passo verso il miglioramento. Non importa se il vostro partner conosce il suo bambino interiore e ne è consapevole. Quando affrontate il bambino interiore e lo guarite, disinnescate tutte le situazioni emotivamente cariche attraverso il vostro comportamento e la vostra comunicazione modificata. Avete riconosciuto e fatto pace con le vostre convinzioni e impronte negative che vi causano dolore, e da uno stato di guarigione potete guardare la situazione in modo completamente diverso.

In altre parole, ora valutate la situazione da una coscienza adulta e il fatto che il vostro partner abbia lasciato i piatti sul tavolo della cucina o abbia fatto qualcos'altro, che di solito vi delude o vi fa ribollire di rabbia, viene percepito da voi come una situazione neutra - del tutto priva di valori - e nel migliore dei casi viene presa con calma. Sono la nostra visione del mondo e le nostre impronte a dare pepe a tutte le situazioni. Questo spiega anche il fatto che le stesse situazioni provocano reazioni diverse in persone diverse. Le scarpe non lucidate del marito possono provocare vergogna e insulti nella prima moglie durante il brunch domenicale, ma alla seconda moglie non interessa affatto, non ci fa nemmeno caso.

Una volta cambiata la prospettiva, è possibile formulare i propri desideri e le proprie speranze in modo chiaro e diretto. Se Sabine si fosse accorta di come si stesse facendo prendere dalla rabbia nel primo esempio, avrebbe potuto mandare avanti Arno: "Mi dispiace di essere così arrabbiata ora, ma devo prima sfogare la mia rabbia finché non mi calmo. Non ha nulla a che fare con te! Sarebbe bello se tu mi ascoltassi e mi dicessi cosa avresti fatto nella mia situazione". Arno non si sarebbe sentito in colpa e non sarebbe fuggito, la situazione si sarebbe sbloccata.

Nel secondo esempio, Ute avrebbe potuto dire: "Sai, Kurt, so che hai avuto una lunga giornata e non vedi l'ora di fare la doccia. Ma non è compito mio mettere a posto le tue cose. Mi aiuteresti molto se le mettessi tu stesso nella cassettiera della biancheria". Con una strizzatina d'occhio avrebbe potuto aggiungere: "E se in futuro troverò un altro paio di tuoi calzini sotto il divano, andranno nella spazzatura". A volte un'osservazione umoristica o sarcastica trasmette anche un messaggio importante. Ute ha dimostrato al marito il suo apprezzamento e allo stesso tempo ha formulato apertamente i suoi desideri.

Nel nostro terzo esempio, Linda potrebbe formulare quanto si sia sentita impotente e sopraffatta in questa situazione e quanto sarebbe stato bello se ci fosse stato Marco, che sapeva negoziare molto meglio e conosceva gli affari. Sicuramente avrebbe risposto che in futuro l'avrebbe accompagnata a tali appuntamenti.

Nell'esempio successivo, Kerstin si è resa conto che la sua bambina interiore non ha affrontato la perdita del padre e prova panico quando si tratta di stare da sola. Rimane quindi in relazioni malsane o si espone a dipendenze. Guarendo il suo trauma personale, trova la consapevolezza di sé e la fiducia per porre fine alla relazione e la consapevolezza di sostituire "il vuoto" dell'assenza di un partner con altre cose positive.

Nell'ultimo esempio, una semplice scusa per il ritardo avrebbe portato direttamente Ernst a dire: "Sì, fantastico! Non vedo l'ora! Devo ancora occuparmi di questo compito, ma quando avrò finito potremo organizzare il nostro viaggio, ok?". Se Marion avesse anche espresso la speranza che anche Ernst fosse entusiasta come lei, entrambe le parti in questa situazione sarebbero state soddisfatte dal compromesso.

Cambiare prospettiva richiede un po' di pratica e di attenzione e potrebbe non avere successo subito. È anche possibile che, pur lavorando con il proprio bambino interiore, si ricada ancora in vecchi schemi di comportamento e comunicazione. Siate pazienti con voi stessi. Nessun maestro è mai caduto dal cielo e alcune impronte del passato sono più profonde di altre. Ci saranno problemi nella vostra vita che potrete affrontare facilmente, mentre altri vi sembreranno ingestibili, alcuni dei quali non potranno mai essere completamente superati. Passo dopo passo diventerete più calmi e rilassati e noterete che si sviluppa una comprensione molto più profonda l'uno dell'altro, la vostra relazione migliora in modo significativo e a lungo termine sarete ricompensati con un legame felice e appagato. E alla fine vi sentite semplicemente meglio perché vi permettete di essere chi siete e di chiamare le cose con il loro nome. Avete un migliore controllo delle vostre emozioni, non siete più vittime di programmi inconsapevoli e potete intervenire in modo proattivo quando un conflitto minaccia di sfuggirvi di mano.

IL BAMBINO INTERIORE AL LA-VORO

Come promemoria, il vostro bambino interiore vi accompagna ovunque perché fa parte della vostra personalità. Che si faccia sentire sul posto di lavoro è abbastanza probabile, perché viviamo in una società che si definisce in base alle prestazioni e allo status. Abbiamo imparato molto presto a funzionare, a ottenere, a negare i nostri desideri invece di occuparci di cose che ci danno gioia (ma che forse non ci assicurano un reddito). Nella nostra società abbiamo imparato a dare il gomito, ad affermare noi stessi, a giocare secondo regole che non sono le nostre. Ci adattiamo perché crediamo di essere in fondo alla catena alimentare. Abbiamo imparato molto presto a subire rappresaglie, punizioni e restrizioni se non "stiamo al gioco". Possiamo accettare quotidianamente gerarchie che non ci valorizzano e passare la vita con molte cose virtuali che non riusciamo ad afferrare e non sperimentiamo immediatamente alcun risultato positivo.

Vale la pena di esaminare attentamente ciò che il vostro bambino interiore vuole dal vostro posto di lavoro e se questi bisogni vengono ampiamente soddisfatti. Se così non fosse, dovreste iniziare subito a curare il vostro bambino interiore! Non vi dico certo nulla di nuovo quando sottolineo che a lungo termine molte malattie hanno origine da un rapporto di lavoro malsano e infelice.

I seguenti comportamenti sul lavoro possono indicare un conflitto del vostro bambino ombra:

- Non riuscite a dire di no, spesso vi sentite sopraffatti perché vi assumete più lavoro di quanto possiate fare in termini di tempo o di personale.
- Volete fare tutto da soli e avete difficoltà a chiedere aiuto perché interpretate come un fallimento la richiesta di supporto.
- Non si ascoltano i segnali del proprio corpo, si può persino andare al lavoro ammalati perché si teme di deludere i colleghi o che la gente possa

equiparare la propria assenza a una debolezza o etichettare segretamente un malato.

• Accettate condizioni di lavoro che vi ripugnano interiormente per paura di perdere il lavoro.

• Cercano sempre di ottenere risultati migliori dei loro colleghi, secondo il motto più alto, più veloce, più lontano, fino al sacrificio di sé e all'esaurimento mentale e fisico.

• Cambiate spesso lavoro, vi sentite vittime di circostanze ricorrenti.

• Non riconoscete l'autorità e vi ribellate apertamente o segretamente alle persone più in alto nella gerarchia.

• Come supervisore, non avete alcuna empatia per i vostri dipendenti.

• È sempre lo stesso collega che vorreste vaporizzare con una pistola laser perché... (sei libero di aggiungere ciò che ti turba :-)).

• Reagite alle critiche con una sensibilità sproporzionata o sulla difensiva.

Tenete presente che il bambino interiore è all'opera anche nei vostri colleghi e superiori. In linea di principio, in questo caso entrano in gioco gli stessi modelli comportamentali inconsci di tutte le relazioni interpersonali e possono quindi causare stress sul lavoro se, ad esempio, ci comportiamo in modo inappropriato perché ci sentiamo trattati ingiustamente o non riusciamo a gestire le critiche. Forse il vostro capo è una persona collerica e reagisce in maniera estremamente impulsiva, facendo sì che vi urliate regolarmente contro in negozio? In determinate circostanze, potete ignorare le istruzioni "dall'alto" e/o fare esattamente il contrario? Cercate di portare gli altri colleghi dalla vostra parte quando c'è un conflitto? Passate subito all'attacco quando vi viene dato un suggerimento gentile per migliorare il vostro lavoro?

Se iniziate a curare il vostro bambino interiore, a lungo andare creerete un clima migliore sul posto di lavoro, andrete più d'accordo con i vostri colleghi, conoscerete i vostri limiti e, auspicabilmente, avrete il coraggio di esprimerli.

Scoprite perché entrate sempre nell'ufficio del capo o andate al lavoro il lunedì mattina con una sensazione di sprofondamento nella bocca dello stomaco. Liberatevi di questi schemi di pensiero negativi e gettate le basi per una vita professionale più sana e soddisfacente.

IL BAMBINO INTERIORE NELL'AMBIENTE AMBIENTE SOCIALE

Poiché la manifestazione del dolore infantile sulle ferite passate e il modo appreso di affrontarle possono essere trasferiti a tutte le aree della vita in cui ci relazioniamo con altre persone o circostanze, potete applicare il metodo anche alle amicizie, allo status sociale, alla famiglia e alle strutture sociali. I conflitti non sempre emergono apertamente come nelle relazioni e a volte le vostre reazioni emotive possono anche essere una sorpresa. Per e-sempio, può capitare di essere avvicinati verbalm-ente da un perfetto sconosciuto per strada o al su-permercato e di rimanerne talmente sconvolti da rimanere occupati per ore o di raccontarlo alla propria cerchia di amici giorni dopo. Inoltre, possono verificarsi cambiamenti sociali, politici o economici che fanno appello al vostro bambino interiore e ai quali reagite con forza emotiva. Si tratta sempre di un'espressione di come desiderate che il vostro ambiente vi percepisca, di come percepite il mondo esterno e di quale esigenza di base si cela dietro di esso. Rimanete aperti ai modi in cui il vostro bambino interiore sceglie di farsi sentire.

IL BAMBINO INFELICE E LE MALATTIE

Tutti noi aspiriamo al benessere e al wellness. Se i bisogni non vengono soddisfatti a lungo termine, se vengono negati e se ci esponiamo in modo permanente a conflitti che appesantiscono la nostra psiche, sorgono malattie che sono l'espressione di un'anima o di un corpo sofferente. Nevrosi, acufeni, colon irritabile, disturbi del dolore, vertigini, disturbi alimentari, depressione, burn-out, l'elenco è lungo. Per evitare che si arrivi a questo punto, dovremmo imparare a concentrarci su noi stessi, a comprendere i nostri processi psicologici interni e a limitare i danni. Poiché tutti abbiamo un bambino ombra dentro di noi, dovremmo cercare di guarire le ferite del passato. Lavorare con il bambino interiore è uno dei modi più importanti per capire se stessi e trovare la guarigione. La vostra psiche vi invia dei segnali attraverso il corpo e se non li percepite, nel peggiore dei casi si manifestano delle malattie. In altre parole, il vostro bambino interiore può essere malato e darvi un indizio a livello fisico.

La gravità di un trauma subito da bambini e il modo in cui lo si affronta dipendono molto dalla struttura della personalità individuale. Se lo shock psicologico è molto forte, si parla di trauma. Se i bisogni fondamentali che si avevano da bambini, come detto all'inizio, non sono stati soddisfatti, ad esempio se si è stati gravemente trascurati, se si sono subiti abusi o violenze fisiche o verbali, se non si è sentito alcun amore, si raccomanda in ogni caso di cercare l'aiuto di un terapeuta esperto o di lavorare con un coach della personalità.

MALATTIE E PROGRAMMAZIONE PRENATALE

Non solo i primi anni di vita di un bambino sono decisivi per i processi interiore-psicologici e le relative capacità comportamentali e di conflitto nello sviluppo successivo. Numerosi studi esaminano la cosiddetta "programmazione fetale", ossia il legame tra lo stress materno durante la gravidanza e lo sviluppo del nascituro.

Negli anni '80, l'epidemiologo britannico David Barker ha gettato le basi della ricerca odierna sulla programmazione fetale con le sue osservazioni. Egli fece riferimento al primo studio pubblicato in ambito scientifico su madri olandesi rimaste incinte durante l'inverno del 1944/45. Il blocco tedesco durante la Seconda Guerra Mondiale portò alla carenza di cibo e fu la causa scatenante dell'"inverno della fame olandese". Le donne incinte furono esposte a una forte malnutrizione e a carenze di minerali in varie fasi della gravidanza. Lo studio Dutch Famine Birth Chort ha esaminato gli effetti sui bambini nati durante o subito dopo la carestia. I bambini avevano spesso un peso inferiore alla nascita e avevano maggiori probabilità di sviluppare in seguito diabete, obesità e malattie cardiovascolari.

Uno studio pubblicato di recente dalla McGill University in Canada ha analizzato il legame tra la programmazione fetale e le capacità cognitive e linguistiche del bambino con il nome di "Tempesta di ghiaccio". Sono stati osservati 150 bambini le cui madri sono state esposte a un blackout elettrico di 40 giorni durante una tempesta di ghiaccio nel 1998. In questo caso, è stato possibile dimostrare chiaramente il legame tra lo stress materno e il temperamento del bambino (iperattività), i disturbi dell'attenzione e i deficit di sviluppo motorio e linguistico.

L'umore, le paure esistenziali, le preoccupazioni, lo stress con il partner, lo stile di vita non sano durante la gravidanza hanno una grande influenza sullo sviluppo neuronale del feto e trasmettono predisposizioni per la salute mentale e fisica del bambino nel futuro, responsabili attraverso il rilascio di ormoni dello stress come il cortisolo o attraverso le fluttuazioni ormonali. Un'alterazione degli ormoni tiroidei nella donna durante i primi tre mesi di gravidanza, ad esempio, influenza enormemente lo sviluppo cerebrale del bambino, tanto che un apporto insufficiente è associato a un maggior rischio di sviluppare ADHD o autismo. Gli scienziati sospettano che il percorso per la salute o la malattia successiva sia già definito a livello epigenetico nel grembo materno. L'epigenetica studia il legame tra fattori ambientali e genetici. L'influenza di un parto il più possibile naturale sulla salute del bambino è già stata studiata: i bambini nati con taglio cesareo soffrono più spesso di allergie o asma. Il consumo di alcol durante la gravidanza ha dimostrato che l'effetto nel cervello del nascituro può causare un disturbo comportamentale e il bambino stesso consuma più alcol in seguito. Una varietà di fattori potrebbe avere un'influenza prenatale, farmaci, integratori alimentari, dolcificanti artificiali, ecc.

Se siete tra coloro che dicono di aver avuto un'infanzia assolutamente felice e di essere stati accolti con amore e accettazione, ma tuttavia alcuni blocchi emotivi o malattie croniche risultano per voi inspiegabili senza una causa chiara e non riuscite a dargli un senso, allora vale la pena di chiedere come si sentiva vostra madre durante e all'inizio della gravidanza. Forse qui troverete un indizio!

Rafforzare il bambino felice

I sentimenti e gli stati d'animo positivi che vivevano dentro di voi quando eravate piccoli possono essere sfruttati ora nella vostra vita e, con un po' di pratica, riportati nella vostra coscienza. Sembra una buona idea, non è vero? A lungo termine, si prevengono le malattie (perché un atteggiamento positivo rafforza il sistema immunitario), si aumenta la fiducia in se stessi, si trova accesso alla propria intuizione, si prova felicità e gioia di vivere. In breve, si tratta di divertirsi!

Come un bambino felice siamo nella fiducia primordiale e lo siamo:

- spensierato
- giocoso
- creativo
- curioso
- sfacciato
- spontaneo, impulsivo
- felice
- entusiasta
- pieno di gioia
- completamente nel qui e ora.

Non ci vuole molto per far rivivere questi sentimenti, se non permettersi di farlo e lasciare che accada. All'inizio ci si può sentire sciocchi, ma una volta iniziato ci si rende conto di quanto sia bello. Alla fine, state facendo qualcosa di buono per voi stessi ed è questo il punto. Ogni coaching, ogni guida alla vita, ogni seminario di sviluppo personale, ogni insegnamento spirituale vuole insegnarvi proprio questo! Permettete il benessere, soddisfate i vostri bisogni, prendete tempo per voi stessi, prendetevi cura di voi! Nel prossimo capitolo imparerete altri metodi per entrare in contatto con il vostro bambino interiore. Dovreste dedicare regolarmente del tempo al vostro bambino felice.

È così che trovate l'accesso al vostro bambino felice:

1. Siate creativi! Imparate un mestiere o iniziate a dipingere, cucinate una pagnotta, risistemate i mobili di casa vostra, riordinate le stanze, riorganizzate il guardaroba, fate giardinaggio, organizzate una festa, iniziate a costruire modelli, allestite un laboratorio, ecc. Create qualcosa con le vostre mani, date forma a qualcosa, progettate qualcosa, date sfogo alla vostra immaginazione!

2. Incoraggiate il vostro istinto di gioco! (E sì, care donne, non siate così severe quando il vostro partner guarda la partita di calcio a casa con i suoi

amici e fa il tifo, grida e soffre! Anche quello è l'istinto del gioco. Organizzate serate di gioco con gli amici o in coppia, fate puzzle, risolvete indovinelli, prendete lo scivolo della piscina comunale all'aperto, fate giochi di escape room, trovate l'assassino in rompicapo, tirate fuori dalla cantina la vecchia ferrovia Märklin, ascoltate un audiolibro e seguite l'azione con suspense. Visitare un parco a tema. Salite sulle montagne russe! (Se non vi è possibile, guardate su Internet i filmati delle montagne russe più alte e più ripide del mondo; la prospettiva video vi permette di essere proprio davanti nel primo vagone! Questo vale anche per tutte le altre attrazioni).

3. Siate spensierati! Ballate per l'appartamento cantando in un cucchiaio di legno la vostra canzone preferita, vestitevi in modo colorato (non dovete per forza andare in giro per il centro città come un uccello del paradiso), cantate a squarciagola sotto la doccia, prendetevi del tempo per la vostra attività preferita in cui vi dimenticate completamente del tempo, guardate un'intera giornata di commedie divertenti e ridete fino a farvi venire

il mal di pancia. Organizzate una serata fuori con il vostro partner o una festa in cui tutti gli invitati devono travestirsi. Appendete un'amaca sul balcone. Prendete un trampolino per adulti. Fate entrare il colore nella vostra vita! I colori hanno un impatto sul nostro umore, quindi sentitevi liberi di sperimentare in casa o nella scelta dei vestiti. Questo è uno degli esercizi più difficili, perché abbiamo dimenticato come vivere i momenti senza preoccupazioni, difficoltà e pensieri per il domani.

4. Agire d'impulso, per capriccio. Quando è stata l'ultima volta che avete preso un ghiacciolo da un chiosco mentre tornavate a casa? Può trattarsi anche di un lick-shell o di un ketchup roll! Compratevi qualcosa di bello, anche se non è necessario e magari non è stato preventivato, perché vi porta gioia! Fate una passeggiata a piedi nudi sotto la pioggia o saltate nelle pozzanghere con gli stivali di gomma. Sporcatevi. Organizzate una gita spontanea.

5. Alimentate la vostra curiosità. Cosa vi ha sempre interessato? Fate o imparate qualcosa di completamente nuovo. Provate qualcosa. Andate

in un museo e scoprite il passato. Leggete libri o riviste. Gli studi dimostrano che le persone curiose sono più sicure di sé e hanno più successo nella vita professionale, oltre ad essere più propense ad andare al lavoro. La curiosità ha un effetto positivo sulla memoria perché vengono stimolate le aree cerebrali corrispondenti. Cercate il contatto con gli sconosciuti e vedete cosa succede. Provate il nuovo ristorante mongolo orientale. Scoprite nuovi luoghi e persone, viaggiate o scoprite nuove destinazioni. (Se al momento non è possibile viaggiare, guardate su Internet i filmati dei luoghi che vorreste visitare. Conoscere altre culture e paesi lontani).

6. Realizzate un sogno! Da bambino sognavi di ballare la danza classica o volevi avere una casa sull'albero? Iscrivetevi a un corso di "Balletto per adulti". Non importa quanti anni avete o quali condizioni fisiche avete. Favorisce la coordinazione e la flessibilità e sì, io stessa ho già frequentato due di questi corsi. Avete i mezzi per costruirvi una casa sull'albero? Magari solo una versione in

miniatura per gli uccelli? Vi è stato permesso di possedere un animale domestico da bambini? C'è la possibilità di realizzare questo desiderio oggi? Gli animali hanno un'influenza positiva sul nostro benessere. Scoprite i piccoli e grandi sogni e scriveteli.

7. Quando è stata l'ultima volta che avete fatto uno scherzo a qualcuno e vi siete fatti una bella risata? Per esempio, fate delle brutte figure di castagne e regalatele ad amici e colleghi e godetevi la loro reazione. Comprate un articolo di scherzi e fatene buon uso!

Le possibilità sono illimitate e ora potete aggiungere e scoprire cosa vi dà felicità in particolare. In sostanza, si tratta di essere completamente in contatto con se stessi, di accettarsi in modo giocoso e di permettere al bambino che è in noi di prendere spazio. Ad esempio, potete riservare una o due ore alla settimana per trascorrere del tempo con il vostro bambino solare.

Entrare in contatto con il bambino interiore

Il primo passo per guarire il proprio bambino interiore è stabilire un contatto. Mentre le emozioni del bambino solare sono più o meno universali, il contatto con il bambino ombra è molto individuale, poiché i vostri modelli di comportamento negativo dipendono dalle vostre esperienze molto personali.

Per facilitarvi questo compito, vi consiglio di prendere delle foto della vostra prima infanzia per aiutarvi o, se le avete, di guardare vecchie diapositive o film. Se esistono anche registrazioni audio di quel periodo e avete ancora un registratore, ascoltate le vecchie registrazioni.

ESERCIZIO FOTOGRAFICO

Guardate le vostre foto e quale espressione del viso avevate nel momento in cui le avete scattate. Ricordate forse in quale occasione è stata scattata la foto? Sembrate spaventati, preoccupati o arrabbiati, forse avete pianto? Parlate con il bambino nella foto nella posizione di un adulto amorevole. Chiedetegli cosa sta provando, perché è triste o spaventato. Chiedetegli di cosa ha bisogno in questo momento, come può essere aiutato. Ditegli che è al sicuro e in buone mani, che è bello e che lo amate. Qualsiasi desiderio abbiate in quel momento, qualsiasi cosa vogliate dire al vostro bambino interiore, fatelo.

CONVERSAZIONI QUOTIDIANE
CON
IL TUO PICCOLO SÉ

Chiedete ogni giorno al bambino che è in voi come sta e di cosa ha bisogno in questo momento. Ad esempio, se vi guardate allo specchio dopo esservi alzati e vi rivolgete regolarmente al bambino che è in voi, con un po' di pratica otterrete presto risposte interessanti. Potete anche guardare una vostra foto incorniciata che abbia un posto fisso e chiederlo ogni mattina in un rituale ricorrente. Forse lo scricciolo che è in voi dice che oggi vuole giocare, oppure la piccola diva vuole qualcosa di particolarmente bello e colorato. Il piccolo me potrebbe voler andare da zia Inge o passare del tempo con suo padre. Oppure dice, senza ulteriori indugi: lasciatemi in pace! In questo caso sono necessarie la vostra capacità di interpretare e la vostra creatività per trovare il modo di esaudire il desiderio, anche se solo in parte o per procura. Potrebbe essere così: magari finite il lavoro un po' prima, vi dedicate al vostro hobby, vi regalate qualcosa di bello, parlate al telefono con un parente o passate a trovare i vostri genitori senza preavviso per passare un po' di tempo insieme.

Se purtroppo i vostri cari non sono più in vita, anche la visita all'ultimo luogo di riposo è importante. Magari portate una bella pianta o un altro oggetto e conversate amorevolmente con il defunto. Se il vostro bambino interiore vuole essere lasciato in pace, è consigliabile assecondarlo e programmare appuntamenti o commissioni importanti per un altro giorno, se possibile. Con il passare del tempo questo esercizio si rivelerà molto curativo, in quanto si impara a gestire con consapevolezza se stessi e i propri bisogni.

LETTERE AL VOSTRO BAMBINO INTERIORE

Se avete difficoltà a comunicare verbalmente, potete scrivere delle lettere al vostro bambino interiore. Con il tempo, questo può trasformarsi in una corrispondenza, poiché il vostro bambino vi risponderà. Poiché i messaggi sono scritti, potete usarli come strumento di guarigione se non siete sicuri di quale esperienza negativa sia alla base di quale cicatrice dell'anima. Potete iniziare in generale o fare delle domande. Per esempio, potete chiedere quando il bambino interiore era triste e se può descrivervi una situazione. Una volta il mio bambino interiore mi ha risposto: "Ti ricordi quando ho costruito una grotta nell'armadio del corridoio? Era così accogliente e comoda, avevo una torcia e persino la vecchia radiolina di papà. La trovavo così accogliente che avrei voluto condividere quella sensazione, perché ero sola. Chiesi alla mamma se volesse raggiungermi nella tana, ma lei mi rispose, molto adulta e indaffarata, che non aveva tempo perché doveva preparare il pranzo. Questo mi aveva reso improvvisamente molto triste per il fatto che anche lei non potesse provare questa bella sensazione, e allora avevo lasciato immediatamente la grotta e l'avevo smontata. Poiché mentre scrivo mi salgono le lacrime, vorrei prepararvi al fatto che quando si lavora con il bambino interiore possono emergere forti emozioni e vi prego di essere preparati se le lacrime scendono qua e là.

CREATE UN QUADERNO PER VOI STESSI

Qui dovreste separare le pagine o i capitoli tra il bambino sole che ride e il bambino ombra che piange. Inserite immagini di voi stessi che ridete e che sembrate tristi. Tutto ciò che emerge in voi durante il lavoro con il bambino interiore in termini di pensieri, sentimenti o immagini deve essere annotato in questo libro.

Per seguire il bambino felice, si possono annotare le seguenti cose:

Vi ricordate ancora a cosa vi piaceva giocare da bambini? Con chi giocavate in cortile e chi svolgeva quale funzione? Eravate più tipi da poliziotti e ladri? Con che cosa passavate la maggior parte del tempo? Qual era il vostro giocattolo preferito? Per cosa ridevate più forte? Quali qualità ti piacevano di più in tuo fratello/sorella? A chi hai detto un segreto?

Potete scrivere tutto ciò che vi ha reso felici da bambini. Scrivete un evento felice e cosa vi è sembrato così bello in quel momento: Le vacanze estive alla fattoria erano fantastiche! Noi bambini potevamo giocare tutto il giorno e muoverci liberamente sul terreno, mamma e papà avevano ...

Pensate ad esempio al compleanno di vostro figlio. Da bambini, di solito riceviamo attenzioni speciali per i nostri compleanni, siamo piccoli re per un giorno, riceviamo grandi regali, invitiamo gli amici, facciamo giochi speciali e aspettiamo quel giorno con settimane di anticipo. Scrivete cosa ha reso questo giorno così speciale. Come vi ha fatto sentire? Da adulto, come sarebbe il giorno perfetto per sentirsi di nuovo così? Per seguire il bambino infelice, potete scrivere le seguenti cose:

Scrivete situazioni o incidenti in cui siete stati particolarmente arrabbiati, tristi, delusi o feriti. C'è stato qualcosa che vi ha spaventato terribilmente? Esempio: quando mamma e papà andavano da quelle parti con mio fratello, io non potevo andare, dovevo restare a casa. La guarigione può iniziare già oggi, se voi adulti individuate e scrivete il messaggio del bambino piccolo: "Tu non appartieni". Trasformatelo rivolgendovi al bambino piccolo: "Tu appartieni. Non ti è stato permesso di andare perché la zia Inge aveva preso un nuovo cane dal rifugio ed era molto aggressivo. Mamma e papà erano preoccupati e pensavano che non fosse un ambiente sicuro per un bambino. Non sei solo, io sono con te".

Ad esempio, potete anche iniziare le frasi seguenti e completarle da soli:

> • Al mio bambino interiore piace l'onestà. Sempre stato onesto con me ...
>
> • Il mio bambino interiore può essere autentico. Quando ho finto o mentito?
>
> • Al mio bambino interiore non piace obbedire. Quando ho dovuto sempre obbedire?
>
> • Il mio bambino interiore non ama le punizioni. Quando sono stato punito e come?
>
> • Al mio bambino interiore non piace stare da solo. Quando mi sono sentito solo e solitario?

- Il mio bambino interiore può essere accettato. A chi non sono mai piaciuto?
- Quando la mamma era arrabbiata con me?
- Quando papà era arrabbiato con me?
- Che cosa è stato molto cattivo da parte di mio fratello/sorella?

LAVORARE CON I SIMBOLI

Per entrare in dialogo con il vostro bambino interiore, potete prendere una vecchia bambola che rappresenta simbolicamente la parte infantile di voi. Funziona anche con due sedie poste una di fronte all'altra. Una sedia rappresenta il vostro bambino interiore, l'altra voi come adulti. Quando ora iniziate a contattare il vostro bambino interiore e a parlare insieme delle emozioni negative e della loro causa, potete prendere la sedia corrispondente o prendere la bambola in mano, a seconda della parte per cui state parlando al momento. Concludete ogni "incontro" con l'amore formulato per il bambino che è in voi e dite addio alle vecchie convinzioni che non sono più valide, ad esempio scrivendole in anticipo e gettandole in un contenitore, bruciandole in seguito o inserendole nella lista delle cose da fare nel vostro quaderno personale.

Guarire il bambino interiore

La guarigione può iniziare dicendo addio e depotenziando vecchie credenze, convinzioni e modelli di reazione.

1. Questi devono essere prima riconosciuti e identificati.

2. Assumete una prospettiva a due voci. Siete adulti e bambini allo stesso tempo.

3. Osservando ed esaminando la situazione da tutti i punti di vista, dalla prospettiva di un adulto

che ha a disposizione molte più informazioni, è possibile risolvere la situazione dicendo al bambino che ciò che ha vissuto spesso non era la verità o lo era solo a metà.

4. Come adulti, riconoscete la causa del dolore e del desiderio di accettazione e potete dare al vostro bambino ciò di cui ha bisogno, attraverso i genitori. Mostrate al vostro bambino interiore che non è solo, che vi prendete cura di lui e che tutto ciò di cui ha bisogno per essere felice è presente in voi.

5. Fate il lavoro del perdono! Perdonate le persone che vi hanno causato sentimenti spiacevoli. In questo modo vi libererete dal ruolo di vittima e smetterete di serbare rancore. La situazione in sé non può essere cancellata, ma imparerete a gestirne meglio le conseguenze.

Se preferite termini come "integrazione dell'ego ombra" o "soluzione dei blocchi" invece di "guarigione del bambino interiore" dipende da voi, ma il principio di fondo è sempre lo stesso. Vorrei ora presentarvi i modi in cui potete guarire il vostro bambino interiore. Nel capitolo precedente sullo stabilire un contatto avete già imparato a riconoscere i conflitti e le esperienze negative dell'infanzia e a identificare le emozioni negative che ne derivano. Poiché le transizioni nel lavoro sono fluide, l'effetto di guarigione può iniziare già quando si entra in contatto con il bambino interiore e si applicano i metodi descritti.

RIFORMULAZIONE POSITIVA

Fate un elenco delle convinzioni negative e riformulatele in modo positivo.

Esempi:

- Io sono brutto. Posso non essere conforme all'ideale comune di bellezza, ma ho altre qualità uniche. Sto bene così come sono.
- Non sarei comunque in grado di farlo. Se mi impegno, posso fare tutto ciò che voglio.
- Non merito di avere successo e di essere felice. Io merito di avere successo e di essere felice.
- Sono debole e indifeso e non posso cambiare nulla. Sono forte e posso cambiare tutto se lo voglio.

- Nessuno mi ama. Io sono amabile e ci sono persone che la vedono allo stesso modo.
- Non sono sufficiente. Sono perfettamente sufficiente, anche se non sono perfetto. Nessuno lo è.
- Non avrò mai successo. Sono in grado di imparare e ho molte competenze che posso utilizzare con profitto.

AFFERMAZIONI

Le affermazioni sono convinzioni formulate in modo positivo che vengono richiamate alla mente attraverso una ripetizione costante per modificare comportamenti e convinzioni. Le affermazioni sono uno strumento di autosuggestione. Con questo metodo, vedrete il successo solo se resterete costantemente in gioco. Gli esseri umani sono creature abitudinarie e con pazienza e costanza potete riprogrammare il vostro subconscio con le affermazioni. A lungo andare, con questo metodo imparerete a valutare le situazioni in modo più positivo. Secondo uno studio del 2015, le affermazioni positive attivano maggiormente il centro di ricompensa del cervello e l'area di autoriflessione. Queste aree sono state attivate in modo particolare quando le affermazioni sono state formulate in modo mirato per il futuro, come è stato dimostrato dalle immagini della risonanza magnetica.

Potete recitare le affermazioni ad alta voce, scriverle, rivolgerle alla vostra riflessione o ascoltarle.

Esempi:

> • Mi amo e mi apprezzo con tutto ciò che mi rende me stessa.
>
> • L'amore mi riempie.
>
> • Sono sempre nel posto giusto al momento giusto.
>
> • Sono forte e coraggiosa.
>
> • Sono sicuro di me e conosco i miei punti di forza.
>
> • Anche le mie debolezze sono accattivanti.
>
> • Rispetto me stesso e il mio corpo.
>
> • Ho fiducia nelle mie capacità.
>
> • Mi assumo la responsabilità di me stesso.
>
> • Merito di essere felice.

> • Merito di essere amato.
>
> • Ho così tanto da dare a un'altra persona.
>
> • Ogni giorno mi avvicino al mio obiettivo.

VISUALIZZARE

Per visualizzazione si intende un'introspezione, un sogno ad occhi aperti che si costruisce e si dirige da soli. A differenza della meditazione, non è necessario un rilassamento profondo. Create un'atmosfera sicura e confortevole in cui vi sentiate a vostro agio. Chiudete gli occhi. Davanti al vostro occhio interiore potete ora incontrare il vostro bambino interiore. Potete incontrarlo in un bel posto dove avete sempre amato giocare, ad esempio, oppure creare uno spazio sicuro immaginario. Per esempio, potete scendere una rampa di scale e in fondo ai gradini il vostro bambino interiore vi aspetta. Chiedetegli come sta, di cosa ha bisogno per essere felice. Se sentite che è triste, confortatelo prendendolo in braccio o dandogli parole di incoraggiamento. Se avete già individuato una situazione in cui il vostro bambino interiore è stato ferito da un genitore, potete riprodurre questa situazione nella vostra mente. Chiedete al vostro bambino interiore come ha vissuto questa situazione e cosa ha provato. Ditegli che non era la verità, perché i genitori hanno agito per la loro insicurezza, forse erano impotenti e sopraffatti o erano sotto stress. Confortatelo dicendogli che vi prenderete cura di lui, lo amerete e gli darete ciò di cui ha bisogno. Chiedete al vostro bambino interiore se è pronto a perdonare i genitori. Potete farlo insieme.

MEDITAZIONE

Se avete difficoltà a visualizzare, un viaggio guidato verso il vostro bambino interiore ha il grande vantaggio di guidarvi a farlo e di sperimentare un'introduzione all'inizio per calmarvi mentalmente, concentrarvi e rilassarvi fisicamente e mentalmente. Di solito una meditazione inizia con esercizi di respirazione e di mindfulness, e vi viene dato un ambiente in cui vi muovete mentalmente.

L'attenzione viene attirata su diverse aree del corpo per rilassarle consapevolmente. All'interno della meditazione si viene guidati verso il proprio bambino interiore e viene dato spazio per permettere alle emozioni negative di sorgere e trasformarle in positive o lasciarle andare.

Le meditazioni guidate sono utilizzate anche dai terapeuti, che le propongono sotto forma di file audio o CD. Gli effetti positivi della meditazione sono stati scientificamente provati da tempo e se incorporerete questo metodo nel vostro lavoro con il vostro bambino interiore, ne noterete gli effetti già dopo poche ore: Pace interiore ed equilibrio, lo stress non vi turba più così rapidamente. Questo ha a sua volta un effetto positivo sul sistema cardiovascolare, sul sistema immunitario e sul livello di colesterolo.

IPNOSI

L'ipnosi deve essere eseguita solo da terapeuti certificati e descrive l'arte di portare l'immaginazione visiva, fisica ed emotiva di un'altra persona nel passato o in una realtà alternativa per sperimentare gli eventi. Nel fare ciò, l'ipnotista pone la persona in uno stato alterato di coscienza, la trance ipnotica. Nella trance si ha accesso alla mente subconscia.

La persona ipnotizzata è sempre sveglia e vigile, ma allo stesso tempo profondamente rilassata e in grado di comunicare verbalmente in qualsiasi momento. In una conversazione preliminare - se non nel corso della terapia comportamentale - si discuterà con il terapeuta di situazioni in cui si sono provate ferite o emozioni negative da bambini. Nella regressione rivivrete questa situazione - dalla prospettiva del bambino di cinque anni e "in diretta". Anche la vostra voce cambierà durante la seduta di ipnosi e parlerete con la voce del bambino di cinque anni. La vostra coscienza adulta non è affatto spenta, osserva l'intera scena e può essere affrontata dal terapeuta. Con la guida terapeutica, questi sentimenti vissuti negativamente vengono trasformati, rilasciati, accettati e risolti con l'aiuto della coscienza adulta osservata.

Limiti nel Lavoro con il bambino interiore

Il confronto con il bambino interiore non deve essere inteso come un lasciapassare per voler sempre e comunque soddisfare il proprio bambino interiore. Questo concetto non è nemmeno adatto come giustificazione per pretendere qualcosa dall'ambiente sociale. C'è il pericolo di voler pretendere qualcosa dall'altra persona perché il bambino interiore vuole così. Soprattutto in una relazione di coppia, poi sorgono più problemi di quelli che si volevano risolvere all'inizio.

Se commettete l'errore di mettere al primo posto il vostro bambino interiore per voler ottenere qualcosa, allora avete saltato una piccola integrazione nella vostra attuale coscienza di adulti riflessivi. Perché: l'ego cresce dal bambino interiore più tardi!

Accettare di affrontare le ferite del passato con una sensibilità sana ed equilibrata. Non si tratta nemmeno di una vendetta o di recriminazioni tardive. Sarebbe controproducente e non vi farebbe fare un passo avanti. Sviluppate ulteriormente voi stessi e fate pace, diventate più felici e più soddisfatti. Ve lo auguro di cuore!